Cathal Ó Searcaigh

Na
hAingle
ó
Xanadú

Dánta na hÓige 1970-1980

ARLEN
HOUSE

Foilsithe ag Arlen House, Mí na Samhna, 2005

ISBN 1–903631–80–7, clúdach bog
ISBN 1–903631–92–0, eagrán teoranta, sínithe ag an údar

Tugann Bord na Leab... ...
tacaíocht airgid do A... ...

Clóchur: Arlen House, PO Box 222, Galway, Ireland
Fón/Facs 086 8207617, arlenhouse@ireland.com
Priontáil: ColourBooks, Baldoyle, Dublin 13
Saothar ealaíne an chlúdaigh: Pauline Bewick

4

CLÁR

Do Prashant Timalsina
mo gharmhac i gKathmandu
an leabhar seo

7

SPREAGADH

I 1964 d'fhógair Dylan in *"The Times They Are a' Changing"*

don't criticize what you can't understand/
your sons and your daughters are beyond your command

Ba é seo an manadh catha agus an dord dóchais a bhí ag go leor d'aos óg na seascaidí; an glaoch glanghuthach a d'fhógair deireadh ré agus a thug réamhamharc ar an réimeas úr. Nocht scoilt shuntasach idir seansaol na nÚdarás agus nuashaol na n-óg. I Sasana agus i Meiriceá go speisialta. D'fhógair na Beatles dúinn, *"all you need is love"*. D'agair na Stones orainn, *"let's spend the night together"*. Bhí an Pápa Eoin XXIII ag ruaigeadh damhán alla as an Eaglais agus ag ceadú d'aer úr fholláin na fiosrachta séideadh fríd na Scrioptúir. Ní Scrioptúir a bhí ar a aigne ach *script* úr. Bhí sé ag iarraidh Scothscéalta a dhéanamh as an tSoiscéal.

Bhí *guru*anna as an Oirthear ag comhairliú do dhaoine a mbéal a dhrod agus a n-aigne a oscailt. Bhí bláthanna an ghrá ag bláthú i gcroíthe na *Hippies*. Bhí Timothy Leary ag iarraidh ar a lucht leanúna, "*turn on, tune in and drop out*".

B'fhéidir nach raibh an stoirm smaointeachais seo, an suaitheadh aigne seo ag tarlú chomh forleathan in Éirinn na linne sin agus a bhí in áiteanna eile ach dálta stoirme ar an fharraige tháinig cuid den raic i dtír anseo i meon agus i samhlaíocht na n-óg.

Bhi cluas éisteachta orainn le Radio Caroline agus Radio Luxembourg agus bhí muid ag piocadh suas na *vibe*anna *psychedelic*eacha a bhí na Beatles, na Rolling Stones, na Byrds, Dylan, Pink Floyd, Procul Harum, Beach Boys, na Doors a chur chugainn ar thonntaí an aeir. Ní raibh mé ag *swing*eáil i Londain i 1967 ná ag *party*áil i San Francisco ach bhí lánchead agam a bheith ag spásáil i Woodstock mo shamhlaíochta.

I dtús na seachtóidí agus mé ag obair i Londain, léigh mé Alan Ginsberg, Gregory Corso, Gary Snyder, Jack Kerouac agus Frank O'Hara. Mheall siadsan mé mar go raibh comhcheilg ar bun acu in éadan na gcoinbhinsiún. Thug siad an fhilíocht amach ar an tsráid. Shaoraigh siad bé na héigse ó shaol seasc, mheánaicmeach na hacadúlachta, áit a raibh sí ag fáil bháis de dhíobháil *action* agus thug siad cead a cinn dithe an tsráid a shiúl. Tá mé buíoch daofa mar go dtug siad deis domh sna blianta úd bualadh leis na haingle agus *boogye*áil leis na sióga. Spreag siad mo dhán.

In Éirinn na mblianta sin chuir *Innti* fóram ar fáil don fhilíocht agus don fhrithfhilíocht. Mar atá ráite ag Seán Ó Tuama ba é Michael Davitt an "Pied Piper". Thaispeáin sé dúinn an dóigh leis an dán a thabhairt "ó leibhéal go leibhéal" ionas go bhfeicfeadh muid "an oíche ag titim gleann ar ghleann". "M*hisse*áil mo chroí *beat* ar an Chaorán Mór" a dúirt sé agus é ag tabhairt an teangaidh chun buaic réabtha, chun *orgasm*. Anois tá Michael imithe uainn chun na síoraíochta. Dia go deo leis. I dtaca le bunadh *Innti* de ghríog agus ghríos siad an teangaidh. Chuir siad ar fiáin í le *libido* na filíochta. Thom siad iad féin inti. Thug siad cuireadh domh "deireadh seachtaine na *martinis dry*" a chaitheamh le Suzanne sa seomra folctha. Ansiúd ní raibh *taboo* ar théama ar bith. Ní raibh cosc ar a dhath ach drochfhilíocht.

Gort a' Choirce
Meán Fómhair, 2005

RÚN BUÍOCHAIS

Seo dánta a scríobh mé sna seachtóidí. Bhí siad caite i leataobh agam agus ligthe i ndearmad go dtí go dtáinig mé trasna orthu de thimpiste i dtús an tsamhraidh agus mé ag ransú fríd sheanchomhaid m'óige. Mheas Arlen House gur cheart iad a fhoilsiú. Go raibh maith agat, a Alan.

Ba mhaith liom buíochas ó chroí a ghabháil le Nollaig Mac Congáil as a chuidiú leis an leabhar seo. Má tá lúb ar bith ar lár ann, ormsa atá an locht.

Buíochas fosta le Pauline Bewick as a saothar ealaíne. "Transvestites Night Out".

Na
hAingle
ó
Xanadú

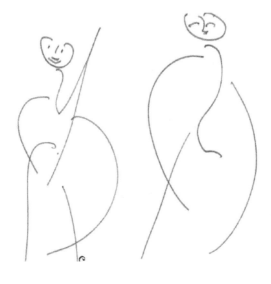

PAIDIR

Ba mhaith liom
labhairt le Dia
a inse dó
suas lena bhéal

Go bhfuil mé
dúthuirseach
de bheith ag ithe
úll na haithne

Go bhfuil mé
bréan dearg
de bheith ag fleá
ina chuid feola

Agus ag féasta
ina chuid fola
gach Domhnach
agus gach saoire

Ach ní féidir
teangmháil leis
mar gur Tost ar fad
a Theangasan

Is dá gcaithfinn
mo ré leis
fós ní bheadh bunghramadach
na teanga sin

Ar mo thoil agam
ná baol air.
Bhéarfaidh mé aghaidh
mo chraois air

Ar leabaidh an bháis.
An uair sin
(le cuidiú Dé)
beidh mé lánlíofa

i dTost.

ANÁIL

Cuir úim air:
diallait agus srian
dian na haire.

Gabh ag marcaíocht air.
Bhéarfaidh capall na hanála
ar aistear thú

go críocha geala
na haigne, ansiúd
idir croí agus cloigeann.

LEANNÁN

Séidim boilg an chroí
sa chruth go bhfuil

tinidh anseo
lasta agus croíúil

le tú a mhealladh,
a thaistealaí na hoíche

nuair a thiocfas tú
ag lorg dídine

is gan tointe ort,
a dhúil ainglí.

MÍORÚILT NA MAIDINE

Maidin Iúil buailim le ga gréine
ar Chnoc na Bealtaine.

Mar lile bhán an tsamhraidh
ag teacht i mbláth, anseo,

in uiscí portaigh Loch an Ghainimh
aibíonn solas glé istigh ansiúd

san áit is uaigní im' aigne agus tugaim
m'aghaidh ar an lá go lasánta.

Anois tá gach tráithnín fraoigh
ina theangaidh ag canadh

amhrán bogchorcra na maidine.
Pógaim béal cumhra na locha

agus cuirim mo lámha thart
ar choim sheang an chnoic.

ALTÚ NA MAIDINE

I Mín an Leá
tá clingireacht na nDeora Dé
ár ndúiseacht

I Mín an Leá
tá an abhainn ag canadh a *mantra*
in *ashram* an aeir

I Mín an Leá
gutaí atá i dteangaidh na báistí
agus í ár mbeannú

I Mín an Leá
fríd dhoras na bhfocal, siúlaim
amach asam féin ◉

PÓG

Ba tusa an réaltóg
mise an chréafóg

nuair a phóg tú mé
mheasc muid go réidh

an scáil leis an anáil
an fhearthainn leis an abhainn.

DÓCHAS

Seo mé maidin samhraidh
ag ól tae, ag léamh
agus ag cumadh véarsaí.

Níl pingin rua i mo phócaí
ach tá dánta agam
a thógann mo chroí.

AOI

Tráthnóna rite geimhridh;
a bhfuil ann
lom agus conáilte.

Cnag ar an doras:
beochan beag gaoithe
ag iarraidh foscaidh.

MÍN AN LEÁ

I mo shuí ag an fhuinneog
i ndiaidh an cheatha
éistim leis an mhaidin
ag ceiliúr sna sceacha.

MEÁN OÍCHE: MÍN AN LEÁ

Cluinim gleo a ngutha
agus sioscadh caoin a gcuid sciathán

géanna fiáine na bhfocal
agus iad ag teacht thar fhíor an leathanaigh.

Cuirfidh siad fúthu i mo dhán.

BUACHAILL AN TSLÉIBHE RUAIDH

Tháinig tú le scéalta teasaí
an tsléibhe

Nuair a d'imigh tú thug tú leat
lí an fhraoigh

ó mhínte portaigh mo chléibh.

BEALACH AN TSLÉIBHE

Ar an ordóg idir na Gleanntaí agus an Dúchoraidh
maidin ghlasliath gheimhridh i seasca a naoi

An toit ag éirí go righin ramhar ó theach
Uaigneach anseo agus ansiúd ar an bhealach

Téann *tractor* aoiligh thairis go réidh
madadh giobach ag tafann ina dhiaidh.

Fríd an pholl bhorrtha i bpóca a bhrístí
fáisceann sé é féin go fadálach, fáilí

Ag samhlú gur stócach dá chomhaois
atá á thabairt chun aoibhnis anois.

Go tobann tig an lá ina steall ghréine
ag sceitheadh solais ar a léine.

BRIONGLÓID

Anseo níl a dhath tais ach do bhéilín tláith,
a bhuachaill álainn na coigríche. Tá a bhfuil ag borradh dreoite
i mbrothall an Mheithimh. An tír tur, tirim; cuma dhúr
ar gach gnúis. B'aoibhinn liom, a mhian, a bheith ar maos
i gclábar an ghrá, i gcaorán úd an gheana, i mo líbín bháite
i mbailc shamhraidh do phóige.

Nuair a chuireann tú do theangaidh i mo bhéal,
a bhuachaill bog na maothshúl, bogaim. Ardaíonn tú seal
chun na glóire mé. Seolaimid beirt inár scamaill bháistí
thar ghleannta olóige agus cnoic chaisleánacha do dhúiche
go dtí sa deireadh go sruthlaimid ar thír chríon sheargtha.
Tugaimid an talamh chun toraidh.

OÍCHE

Anocht agus mo cheann ina luí i d'ucht, a chroí,
tá mé chomh sochmaidh le madadh millte cois teallaigh
agus é sa tóir ar choiníní ina chodladh.

AN SEASCANN MÓR

Mionnán aeir
ag déanamh ceoil
i gcaorán clapsholais.
Gach siolla
lán uaignis.

REILIG GHORT AN CHOIRCE

Sa reilg: seanbhean ag guí –
bláth bán na féithle ag cumhrú
na huaighe ina gcuirfear í.

FEAR AITHEANTAIS

Ar nós maidhm shléibhe
tá a cheannaithe a bhí tráth
dea-chumtha agus dóighiúil
    ag sleamhnú gach lá

anuas fánaidh chrochta
a ghnúise; éadan, pluc, srón
agus leiceann ag carnadh
    ina mollta feola, mo bhrón,

ar learg lom a scornaí.
Le hanfa na haoise, tá an creimeadh
ag tapú; giall, smig, agus grua
    ag imeacht as ríocht, ag mionú.

"Is iomaí craiceann a chuireann
an duine", a deir sé gan trua

agus é á ghrinniú féin sa scáthán.
    "Tá an loinnir imithe as mo ghrua

agus is gairid nach mbeidh fágtha
ach an bhlaosc fheannta ach, le cuidiú Dé,
cuirfidh an bás craiceann úr
    ar chréachtaí na beatha", a deir sé ...

DEIREADH RÉ

Na seanfhilí
chaoin siad i gcónaí
na sean-nósanna a bhíthear
a thréigeadh.

Níor athraigh a dhath,
táthar fós
ag ligean na sean-nós
i ndearmad.

Meitheal na mónadh
agus meitheal an fhómhair;
an t-airneál agus turas an tobair,
níl iontu anois ach stair.

Na seandaoine a chleacht
seanchas glas na talún

agus saíocht na séasúr
tá siad ag fáil bháis ...

An talamh amuigh bán;
na cnoic ite ag caoirigh;
tusa ag dreasú pingneacha stáit
isteach i do sparán.

Dusta na sráide ar do theangaidh,
Béarla achan áit.
Saol a bhí ina chraos tineadh tráth
níl ann anois ach luaith bhán.

Smearaim an luaith ar mo dhán.

CAOINCHNOIC MHÍN AN LEÁ

Anocht is mé ag cuimhneamh ar chaoinchnoic
    Mhín an Leá
Ar na hardáin is na creagáin ón Chorraidh go
    Béal an Átha;
B'iad dúiche rúin m'óige iad maidin álainn
    samhraidh;
An ceo ag éirí ó shleasa fraoigh is ceol na
    cuaiche i mo chroí.

Maidin i dtús an tsamhraidh i naoi déag
    seasca a cúig;
D'éalaigh mise ar an Swilly *bus* ó Cheann
    an Bhealaigh Úir
Gan beannacht ó mo bhunadh ná barróg
    ó mo ghrá;
Ach imeacht liom i mbéal mo chinn ó chaoinchnoic
    Mhín an Leá.

Bhí mé óg is aerach is shiúil mé *pubs* an
    Town;
Is scaip mé a raibh den tsaol agam sa Bhell
    agus ins an Chrown;
Char chuir me bonn i dtaiscidh is char choimheád
    mé mo stór;
Is, a Rí na Glóire Gile, tá mé anois ag sileadh
    deor.

Tochas taistil i mo bhonnaí a d'fhág mise ar an
    tseachrán;
Ag cartadh is ag carnadh clábair ó Acton Town
    go Luton;
Ag leagan píopaí i bPutney is ag cóiriú bealaigh
    i bhFinchey;
Is gan 'mo thionlacan ach *jack hammers* agus mallachtaí
    an *ghanger*.

Anois is mé ag siúl na slí sa ghleo
 i gCricklewood;
Tá gealach bhuí an tsamhraidh os cionn an Chrown
 ina suí;
Ach míle b'fhearrr dá bhfeicfinn í ó Mhalaidh
 Bhéal an Átha;
Is í ag déanamh spraoi i gcaoinchnoic
 Mhín an Leá.

SA *TAXI* AR MO BHEALACH GO PICCADILLY
LE BUALADH LEATSA, A CHROÍ

Ó, nach aoibhinn a bheith óg agus dána!
Nach aoibhinn na gamhna geala bána seo
atá ag déanamh meidhir i mo mhianta
an oíche réabghealaí seo
agus mé ag tabhairt an bhaile mhóir orm féin go groí
le bualadh leatsa i bPiccadilly.

Beannaím don ghealach dhearg-ghnúiseach úd
atá chomh tíriúil le cailín tuaithe ina dreach;
í amuigh ansiúd ag tiomáint tréad réaltaí
thar achadh an aeir go gealgháireach.

Tá sí chomh croíúil leis an chailín phlucach
sa *chipper* a bhíonn ag déanamh dánaíochta orm
gach uair dá dtéim isteach chuici le greim bídh a fháil.

"*When are you taking me out for a milk shake?*"
arsa sise liom inné agus í ag baint croitheadh cigilteach
as a cíocha. "*When the cows come home*", a deirim léithe
ar an dara focal. "*It's taking a long time. They must be grazing on
the Milky Way*", arsa sise go pléascach.
Ó, ba bhinne liomsa géimneach na mbó ag teacht chun buaile
ná ceolta sí do chíche, a ghirsigh, bheith ag síorchur im' chluasa
ach coinním an rún sin agam féin – ar eagla na heagla.

Tá an ghealach ina suí ansiúd ar stól bheag
an tséipéil, í lasta suas le gríos díograise agus í ag blí
na réaltaí. Ise cailín deas crúite na mbó ina suí go sochmaidh
i mbuaile méith na spéire. Oícheanta eile chuirfeadh sí
tocht orm agus cumhaidh, ach anocht tá géim mhearaí
na bó dárach ionam agus mé ag tarraingt ortsa, a chroí.

Tá mé ag sní le sú teasbaigh, ag sileadh
le bruth ceana agus mé ag taisteal sa *taxi* bhuí seo chugatsa
fríd shráideacha atá chomh haerach leis na gamhna geala bána

atá ag meidhir i mo mhianta. Ó, an t-aililiú fiánta
a thiocfas asam nuair a nochtóidh tú chugam; fís an aoibhnis,
as táinte lár na cathrach, a dhíograis donn dílis ...

Soho

Na maidineacha glasa Samhna seo
ar shráideacha Soho, tú
a whiter shade of pale

i ndiaidh na *nights in white satin*
nuair a hardaíodh d'aigne, tú
Ag *grooveáil* ansiúd sa ghile

leis na haingle ó Xanadú ...

AG DÉANAMH AITHRISE AR FRANK O'HARA

Tarraingím an chathair seo
thart orm mar chlóca
agus siúlaim síos an tsráid
chomh mórluachach le Byron
cé gur beag atá i mo phóca.

Déanaim mé féin
a chlutharú i mbuíómra teolaí
an tráthnóna; i snas sróil na sráide
a théann ó chrón go corcra teasaí
ar an Victoria Embankment; i mboige
phéacógach na mbuachaillí óga
a thugann barróg domh i dTrafalgar.

I dtáimhe an tráthnóna
déanaim gar d'fhear dhall agus tugaim trasna
an Pall Mall é ar bhacán mo láimhe,
i bPiccadilly tugaim gnaoi

don fhreastalaí óg sa *deli*
é lán de chroí, agus é ag inse domh
go bhfuil dúil aige i bhfilíocht Housman
agus Whitman. B'aoibhinn a ghnúis seang álainn
ach b'aoibhne fós an téagar déagóra
idir dhá theann a bhríste ...
thionlaic sé mé go dtí an doras,
aoibh na hóige ar a dhóchas.

"Cuir teann faoi do bhríste
agus gheobhaidh tú neamh anseo",
a deirim liom féin agus mé
ag meascadh le slóite gleoite seo
an tSathairn i gCarnaby Street.
Mo dhálta féin tá siadsan fosta
ag cleachtadh *dharma* na dáimhe ...

Tigh Foyles i Charing Cross
ceannaím *Lunch Poems* le Frank O'Hara,
dánta atá chomh blasta le greim gasta.

I mbialann bheag bhláfar i mBloomsburg
agus an tae beag leagtha os mo chomhair go néata,
mórmheasúil, caithim súil chíocrach ar na dánta.

Fada nó gairid mo ré
cuimhneoidh mé ar an tráthnóna ghlé seo
atá ag gabháil thar bráid
chan de bharr gur tharla aon ní éachtach
domh ach de bharr go bhfuil
gach cuisle i mo chorp beo beathach
agus ag freagairt don tsráid.

Tarraingím an chathair seo
thart orm mar chlóca
agus tugaim m'aghaidh ar mo bhaile
leathscoite, bruachbhailteach,
lán go béal le lón déanach seo
an dáin ...

An
Fharraige

MACHAIRE RABHARTAIGH

Scréach chaointeach
na bhfaoileog
ar chladaí uaigneacha
An mheán oíche.

An fharraige aigeanta
Ag teacht i dtír
Ar thrá ghealaí
Mo dháin.

AN FILE

Amuigh ansiúd
ar aghaidh na trá
amuigh i mbéal an uaignis
ina sheasamh
idir an saol agus an tsíoraíocht
gallán ársa an fheasa
teach solais an dóchais
fear rabhaidh na doininne
fear faire an duibheagáin
airdeallaí na gceithre hairde
Tá beogacht muirbhrúchta
Ina bhriathra.

Eisean a thugann teangaidh
do líonadh agus trá na mara
inár mbeatha.

CORRÁN BINNE

Ag amharc uaim i gcéin
tá mé chomh hógánta ionam féin
le solas na gréine ag spraoi
ar thonntaí glasa an tsamhraidh.

AMHRÁN

Tá an fharraige ag teacht i dtír
ag líonadh agus ag trá
ag líonadh agus ag trá
i mbéal mo chléibh, a ghrá,
agus tonntaí tréana do phoirt
ag tonnadh chugam go síor
ó d'fheadóg ghoirt, tú
ag baint sú as *blues* na trá.

Tá duibheagán mara agus dainséar
i bhfocla an amhráin seo
atá á chanadh agat sa bheár.
Má fhanaim anseo
Caillfear mé, a stór, caillfear mé
i bhfeachtaí mara do ghlóir.
Caoch do shúil ghlé, a chroí, is tiocfaidh mé,
tiocfaidh mé i dtír i gcé do chléibh.

TRÁ AN FHÁIL CHARRAIGH

Tarraing chugat mé, a ghrá,
bíodh sé ina rabharta ceana
eadrainn gach lá.

Tarraing chugat mé, a mhian,
mar an ghealach seo ag tarraingt
na mara chuici féin go dian.

BUN DOBHRÁIN 1969

Tráthnóna chuaigh mé chun na trá agus chonaic mé
an ghrian ag *surf*áil ar nós na m*Beach Boys* ar thonntaí
Chalafornia Bhun Dobhráin.

Bhí fonn orm a ghabháil ag marcaíocht ar chapall
bhán na mara ach ní raibh mé ábalta diallait a chur ar
an chapall fhiáin uaibhreach seo nach raibh riamh faoi úim.
Bhí cúr na dtonn lena bhéal agus é ag seitrigh go hard. Nuair
a rinne mé iarracht breith air léim sé a airde féin san
aer le tréan mire.

Seo anois mé ag iarraidh each glasghorm na mara
a cheapadh le *lasso* na bhfocal. Seo *rodeo show* na filíochta.

Tá mé i mo shuí anseo ar bhruach gainimhe ag ól
as buidéal Coke na farraige le sifín na samhlaíochta.

Tá na faoileoga ag déanamh aithrise ar Bob Dylan,
an piachán srónach céanna ina nglór agus iad ag ceol *Blowin'
In the Wind*. Tá na tonntaí ag teacht i dtír agus iad ag canadh
Yellow Submarine, Yellow Submarine. Cad é seo a chluinim i
mbéal na gaoithe? *Bend me! Shape me!*
Caithfidh sé go bhfuil
dúil ag an ghaoth in amhráin Amen Corner.

NA CEALLA BEAGA

Gealach na gcoinleach
os cionn na gCealla Beaga:
cuireann a ceol na hiascairí a chodladh.

INIS BÓ FINNE

Fosclaíonn an fharraige í féin
don spéir, a deir na mná;
is iad na scamaill allas a ngrá.

PORT NA BLÁICHE

Nach aoibhinn suí anseo os comhair na farraige
ag baint sásamh as cáitheadh cúrach
an tsolais ag *splash*eáil na fuinneoige!

Chomh luath agus a tháinig sé isteach sa bhialann chuir mé sonrú ann. Bhí an chosúlacht air gur aingeal i gcruth dhaonna a bhí ann. Bhí achan rud fá dtaobh de dóighiúil; an aoibh ainglí ina ghnúis, an loinnir óir ina chuid gruaige, an corp deachumtha. Bhí rud éigin uasal sa dóigh ar iompair sé é féin. Más aingeal a bhí ann ní raibh a dhath in easnamh air ach na heiteoga.

Shuigh sé síos ag tábla anonn díreach ón áit a raibh mé ag cócaireacht ar an *grill*. Bhí mé buartha nach ag freastal ar tháblaí a bhí mé. Bheadh deis agam ansin babhta comhrá a dhéanamh leis. Aithne a chur air, b'fhéidir.

Shuigh sé ansin ar a shuaimhneas gur *waddle*áil Joan anonn chuige lena ordú a ghlacadh. Tá an cailín sin chomh hamscaí ar a cosa agus chomh codlatach ina cuid dóigheanna gur mór an t-iontas dúinn ar fad go dtig léithe cor ar bith a chur dithe. Ghlac sí an t-ordú uaidh agus í ag méanfaigh. *Burger* agus *chips* a bhí uaidh. A fhad agus a bhí mise ag ullmhú an bhídh bhí faill agam mo shúil a chaitheamh ina threo.

Bhí sé ina shuí, a lámh faoina smigead, cuma smaointeach air. Ba eisean iontas na gile lena léinidh bhán, a bhrístí bána, a bhróga bána agus os a gcionn ar fad an ghruaig álainn fhionnbhán. Ba doiligh domh mo shúile a thógáil ar shiúl uaidh. Sa deireadh thóg sé a cheann agus d'amharc i mo threo. Nuair a chonaic sé go raibh mo dhá shúil sáite ann, b'fhacthas domh gur dhearg sé go bun na gcluas. Chrom sé a cheann agus thosaigh sé ag méaradrú ar shoitheach an tsalainn.

Ó am go ham nuair a d'amharcóchainn i leataobh air tífinn go raibh sé ag coimheád orm faoina shúile. Mura raibh mise meallta bhí sé ag léiriú spéise ionam. Nuair a bhí an bia réidh agam, ádhúil go leor, ní raibh Joan le fáil. Bhí sé fágtha fúmsa freastal a dhéanamh ar an bhuachaill álainn. Bhí mé ar crith agus mé ag leagan an phláta os a chomhair ar an tábla.

D'fhéach sé orm go faiteach, meangadh beag an gháire ar a bhéal déadgheal. D'fhéach mé síos i dtoibreacha donna a shúl. Tháining mearbhlán in mo cheann ag amharc síos sa duibheagán donn, domhain sin. Nuair a labhair mé bhí creathán in mo ghlór.

"*Are you on holidays?*"

"*Aye. We're staying in a guesthouse up the street*".

Bhí tuin tuaisceartach ar a chuid cainte. "*My parents took the young ones out for a spin in the car. I couldn't be bothered going*".

"*Are you enjoying your holiday?*" Bhí eagla orm go dtiocfadh stad sa chomhrá sula dtiocfadh liom coinne a dhéanamh leis.

"*Aye, it's alright, but it would be better if I had a mate to go around with*". D'amharc sé orm go truacánta. B'iontach liom go raibh sé chomh furast seo bualadh suas leis. Shíl mé gur ag brú dáimhe air a bheinn dá n-iarrfainn air a theacht liom ag siúl cois na trá. Ba eisean a bhí ag impí cairdis agus rinne sé sin gan fiacal a chur ann.

"*I'm off in the evening for a while. Would you like to go for a walk?*" Bhí mo chroí ag preabadaigh i mbéal m'uchta. Las a aghaidh álainn, ghrianghortha le lúcháir. '*OK! We're mates*', arsa seisean go croíúil ag síneadh a láimhe chugam. Rug mé greim uirthi, á fáisceadh go docht. Chuir an teangmháil seo drithlí dearga teasa fríom.

"*I'm Charlie*", arsa mise, m'anáil i mbarr mo ghoib.

"*Hello Charlie, I'm Gordon*".

Shocraigh muid go mbuailfeadh muid le chéile ar a ceathair taobh amuigh den bhialann.

Bhí sé ansin ar bhuille a ceathair, caipín buí píceach air agus *anorak* gorm. Shiúil muid síos i dtreo na farraige agus amach ceann na trá go raibh muid amuigh linn féin ar an uaigneas. Ba de mheánaicme Phrotastúnach Bhéal Feirste é, spéis aige i *gcricket* agus i *rugby*. Bhí iontas air nuair a dúirt mé leis nach raibh tuigbheáil ar bith agam ar na cluichí sin agus nach raibh aithne agam ar éinne a d'imir iad.

"*Come, you bloody Fenian*", arsa seisean agus é ag gáireach. '*I'll race you to the sea*'. Bhí muid ar shiúl i bhfáscadh amháin reatha ach taobh istigh d'achar ghearr bhí an ceann is fearr agamsa air. Bhí mé giota maith chun tosaigh nuair a stad mé agus lig mé dó breith orm. Bhí sé amach as anáil nuair a tháinig sé suas liom agus ar tí titim as a sheasamh.

Ar eagla go dtitfeadh sé d'fháisc mé le m'ucht é le taca a thabhairt dó. Bhí a anáil ag teacht ina séideoga tréana agus é dlúite suas liom. Chuimil mé an t-allas de chlár a éadain, dena leiceannacha. Thóg mé a chaipín agus shlíoc mé siar a chuid gruaige. Mhothaigh mé é ag teannadh liom, á bhrú féin in m'éadan le dúil ionam. Nuair a shleamhnaigh mé mo lámha síos thar a mhásaí cuaracha lig sé osna aoibhnis as.

"*You Fenian bugger*", arsa seisean i gcogar ceana in mo chluais ag breith greim láimhe orm agus 'mo threorú go dtí clúid foscaidh i measc na ndumhach.